文史哲詩叢

金筑著

擊掌

金筑詩集

文史哲出版社印行

金筑大詩人惠存

金嗓發天威震聾啓聵
筑鳴在人寰養性怡情

李中和撰頌 時年九十一

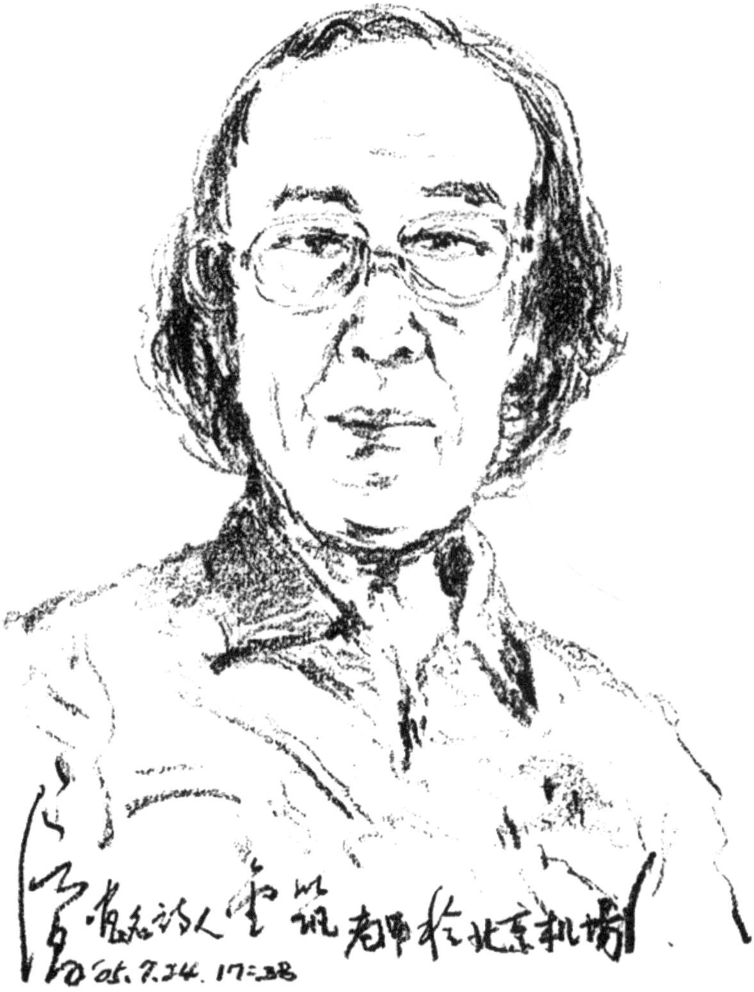
著名詩人金筑老弟於北京机場
'05.7.24. 17:38

金筑素描像　蔡信昌繪

擊掌

——金筑詩集

目次

卷二

卷三

放射與收斂

——《擊掌》金筑詩集序

白　靈

一九九三年九月，筆者曾隨金筑及文曉村等葡萄園詩社同仁參訪大陸北京、洛陽、開封、西安等地，與諸多大陸詩人、學者會晤。最後並由武漢搭船前往重慶，準備參與西南師大新詩研究所舉辦的「93華文詩歌世界學術研討會」。由於前此十餘天的行程非常緊湊，等到要過三峽看風景時，我就累倒了，卻看到金筑先生依然精神奕奕，於窄小的船艙間來回踱步，走了上百回。記得當時即曾請教他養生之道，他笑笑說，運動最好，且每週必有一天斷食，加上信仰堅定、心情平靜，數十年均奉行，如此而已。果然時間又飛逝十七年，轉眼金筑先生年已過八旬，但在他身上卻始終看不出老態，的確令人稱奇。

尤其最不易改變、也最不會老的，是他的聲音。他在兩岸詩壇的歌聲和「唱詩」堪稱一絕，幾幾乎掩蓋了他的詩名。

「先生的唱誦，其聲或高昂激越，或悲愴深沉，或輕快，或舒緩，或抑揚頓挫，或婉轉跳躍，好一幅如癡如醉的場景！」這是大陸詩人曉音對金筑先生聲音的讚誦。然則聲音除了灌錄成唱片或錄影外，能一飽耳福的常常只有當時現場的觀衆，較易流傳久遠的最後還是得靠文字，何況他的詩文字其實即其身體與聲音的延伸，或者說他的詩與他肉身所展現的毅力、活力、和熱力是分不開的。

由金筑先生的詩作中大致可以看出貫串他一生意志的，是一直不曾中斷地努力自我探索、自我定位、自我鞭策、和到最後是自我消解與和諧。一如他強烈的「自我身體感」一般，從來這種「自我摸索」就不曾懈怠過。此百轉千迴不可斷折宛如「百煉鋼」似的強烈「自我身體感」，最顯著的即是上段提及的他對自身體魄數十年不曾鬆懈的鍛練，這也是他意志最堅定的中心，連歲月和時代都無法將他扳倒。而他膾炙人口的「朗誦手采」，則是他對自身喉嚨、聲音、鼻腔極高度的自我領會與體悟，宛如可以將周圍空氣、嘯場、和環境皆收納爲自身能量的一部份，因此可以自如地和其整體的「身體腔」、肌肉、和內在神經產生和諧的共鳴，這是他得天獨厚的嗓音，又結合了古今詩歌的曲調、戲劇與聲音的技巧和節奏、各地民謠及西方歌劇內詠歎等等融貫成一爐，加上個人創意所鑄造出的「朗誦全彩風貌」，因此常常能「震撼全場」，令愛詩人留下深刻的印象。然而如此的毅力和天份，畢竟會隨歲月無情的暗中摧折而緩慢、卻不可抵禦地逐漸退守和消亡。金筑即使是自我感覺良好的百煉鋼，也不能不領受到這種「逝者如斯乎」的逐年逐月逐日逐時逐分逐秒的折損，而他試圖在其詩集中呈現的一大部份，即是此種抵禦和順受的折衝和矛盾過程，是人類自有生以來對生命和時間的審視和反省，金筑用他肉身強烈的「自我身體感」抵擋了一輩子，卻不能不在精神和靈魂層次上以他在世的愛和基督信仰，逐步領悟自身的不足、缺憾、和必須甘心誠心地馴服。

筆者在主編二魚版《二〇〇七年台灣詩選》時，曾收入金筑先生發表在二〇〇七年《葡萄園詩刊》冬季號第一七六期的兩首小詩〈影子〉、〈癡人的夢〉，其中〈影子〉一首也收入此詩集的三首〈影子〉中，也是三首中最好的一首：

〈影子〉
拉長了
現實的提昇
壓扁了
虛擬　光的縮影

此詩寫得冷靜且冷酷，像抽離了自身後，對自我和人類生命殘忍而無情的省視和批判。影子的拉長或壓扁，是人面對自身最貼己的投影時，最常看到的景象，但多半不會想太多，日日面對即習以爲常，看不出其中有何大道理，金筑卻說拉長的影子是「現實的提昇」，可能指看到影子比自身脹大、修長、甚至龐偉巨碩許多，因而開始有自信可倚，因而產生幻影、幻想、和幻覺。然而不然，此「修長」不可能持久不變，稍一位移或轉身，影子即瞬時巨變，縮減壓扁，幻影幻覺難以維繫，原來「修長」是自我膨脹，只是暫時「提昇了現實的不足」，而「壓扁」則發掘了外來「光源」的存在，影子則是「虛擬」了此「光的縮影」，亦即這才看清外界光源的大小和能耐，而非自身所可掌持把握，而且通常光源越小（比如燭光或爐火）影子越龐大修長，光源越強（比如太陽日正當中）影子越縮減，因此詩中的「影子」就不止「影子」一意了，可泛指時代影響、政治體制、自我定位、乃至宗教信仰等等。當然這中間或也可有不少歧義，但似乎都是站在正向的角度看待事物，對自身與周遭人事物乃至時空互動時，瞬間可「自我感覺修長」與永恆必然「殘酷地被壓扁」的事實有深刻的領會。即使詩中「虛擬」二字亦值玩味，比如「光」強至不可正視時，人對其「強度」和內涵是毫無所知的，因此只能靠自身被「壓扁」的影子去「虛擬」其存在。此詩也會令人想到柏拉圖著名的「洞穴寓言」，有人會終身以爲「影子」即其一生眞實生活情狀，卻不知影子背後「光」才是掌控影子存在的來源，金筑試圖「轉頭」看清影子前後的關係，卻發現人的能力有限，僅能藉影子「虛擬之」而已，這也是金筑領會生命和上帝信仰後間接而眞誠的呈現。此詩簡單四句十七字而已，卻包容了人生現實與理想、生命短暫卻依然有其價值、世界不可直視只能折射理解一二等等，可說寫得至簡至精卻已達到至理與至善，值得把玩、深思。

金筑另一首收入《二〇〇七年台灣詩選》的詩是〈癡人的夢〉，說的則是他以肉身強烈的「自我身體感」抵擋了一輩子後，向歲月馴服、逐漸與生命「和解」的過程，也是他諸多詩作經常碰觸到的主題：

〈癡人的夢〉

穿上戎裝
天天想射下那枚太陽
人云亦云
及至洞悉
后羿荒唐
將基因遺傳後代
代代出癡人

青春在夕陽下
奄奄一息矣

擊　掌

太陽正烈　正旺
及時省悟
收藏起弓箭
冬天來
最好曬太陽

詩中由「天天想」到「及至」到「及時」，以致「最好」的過程，說的正是在時間之河長期的洗刷、搓揉下，由古至今、由生到老到死的最終省悟。此詩首段用了后羿射太陽的典故以映射自身年少時的勇壯和莽撞，卻也是人類人人不可抽掉更替的基因遺傳，這是對生命普世原則的洞悉和接受，「代代出癡人」是幽默而富趣味的說詞和自我解脫之道。因此輕狂想射下太陽的夢，原只是人基因的驅使，如今回歸平常心，方知如何進退，即便「青春」已去，卻還得及收起「弓箭」，選個好季節距離適切（比如冬天）時機，與之和平共處。原來詩中的「太陽」只是個比喻，真正要與之和平共處的，是體內的基因和慾望，那也是宇宙投射於我們身上難以消解的原力和奧秘所在。詩的第二段先說青春已在「夕陽」下「奄奄一息」，接著又說「太陽正烈正旺」，看似矛盾，其實「成、住、壞、空」是循環的、「幼、青、壯、老」是共時共在的，因此自身「青春在夕陽下」時他人還在「太陽太陽正烈正旺」階段，因此第二段前二句若視爲自身狀態，中間三句視爲警醒他人，後二句則視爲是自我與他人相互勉勵句，則其理可通矣。此詩勇於自我批判，也是對生命傳承和循環大大的領悟。

　　金筑此等與生命「抗爭」又逐漸「和解」的主題，耽延至此詩集的不少詩作中，比如〈踏實〉（頁29）、〈銜接〉（頁30）、〈虛杳的切斷〉（頁53）等詩中：

〈踏實〉

常常想上升穹蒼
與晶亮的星星等量齊觀
卻被地心吸引　動彈不得
一直很委屈

當我　一步一腳印
登臨一座小土丘
遂有踏實　堅實　落實
紮實的快慰

從「想上升穹蒼」到只能「登臨一座小土丘」，差異何其大矣，但前者使其「動彈不得／一直很委屈」，到後者卻令其有「踏實、堅實、落實、紮實的快慰」，感覺又相距何其大也，說的或是外在名利聲光的虛妄，不如內在踏踏實實生活的貼近自我。

氣氛迥異的〈虛杳的切斷〉一詩則寫得更爲緊實精緻：

〈虛杳的切斷〉

爲鍾情的念織夢
覽鏡凝眸
與分身交契心音
鏡中人欲衝出

要求影像重疊
我無奈的回頭
鏡中人失望　苦笑
折斷時間的距離
催散伶仃的幻影
突然戢影消失
我惶惑震慄　緊握拳掌
而舒心泰然
原來分身已捏在手掌中矣

此詩既寫人的情與慾、靈與肉的矛盾糾纏，也寫生命虛與實、眞與幻的交錯鬥爭，貼切地以鏡中人與鏡外人互動來往予以如眞似幻地呈現。詩共十三行，可以五行、四行、四行等三節觀之：首五行是寫主體（鏡外人）與客體（分身/鏡中人）從互動頻繁（鍾情/凝眸/交契），但畢竟二者有「鏡」的分隔，但當「鏡中人欲衝出/要求影像重疊」時，遂有了變化。中間四行即寫此變化的過程，「分隔」有別，「重疊」則合一，因此主體的「我」想「回頭」暫離，客體的「鏡中人失望、苦笑/折斷時間的距離/催散伶仃的幻影」，彷如要自我摧毀似的有了激烈的動作。末四行則是其戲劇性的變化，客體採取了殺手鐧，來個「突然戢影消失」，「戢」（音輯）是「將兵器收聚而藏」、「止息」、或「收斂」之意，即「戢影消失」當即「斂影而去」之意，如此當然造成主體「我」的「惶惑震慄、緊握拳掌」，顯現了「我」的不知所措，但此時卻由驚而喜而舒心泰然的是，「原來分身已揑在手掌中矣」。此三節的變化，初看是情詩，卻也是「看山是山」（凝眸）、到「看山不是山」（纏抗迎拒過程）、再到「看山又是山」（自然合一）的人生境界三層次，金筑卻能以更貼己更生活化的人與鏡中人的互動關係予以平易地呈現，可說相當高明。

然而金筑也不是絕然超脫的，仍只是一個塵世人，卻隨時有離世的準備，一如他在〈銜接〉一詩末三句所說：

當生命在歲月中被掐斷
就銜接無極　通向

渺遠

但在世時仍不免是憂心的，關心著時事、對戰爭與死亡有強烈的厭惡和同理心，比如寫「阿富汗田野」的〈黑色的收穫〉：

連年乾旱
休耕　沒有收成
今年　仍缺雨水
竟然豐收
乃是
由死亡操作
引靜脈灌溉

說的是死亡遍野後殘忍的豐收，寫來冷酷、寧靜、而真實。因此他只是一個虔誠而有一顆紅心的基督徒，即使大徹大悟後仍不免「失眠」，比如：

〈失眠〉

世界
因我而儆醒
我是王
該死的已死去
想死的卻還活著
噬金牙齒說夢語的
一句　一句……
烏托邦的世界
舞蹈　正燃燒女孩子們的裙裾
紫色的葡萄酒流溢
盜匪　神經患者橫行
沒有警察　沒有士兵
沒有法律　沒有秩序
無罪的宣判　死刑　死刑
我　王　無力統率這紊亂的世界

此詩幽默而富自我調侃意味，詩中的「儆醒」通「警醒」，此處指「睡眠中易醒」之意，世界睡了我醒著，卻說「世界因我而儆醒」，應指腦中世界的一切，爲我所有，卻非我所能駕御，其中來往自如的意識流宛如失去秩序的亂世，雖寫黑夜世界，但其中或也有對現實社會的批判，卻不出以惡語，而以自責爲度，令人讀了會心卻憂傷。

由以上諸多詩例，我們看到了在歷經時代磨折與時間淘洗過後，金筑詩作亟欲透過寫情、寫景、寫物、個人感懷等各種不同主題與題材，書寫其寬闊的人生歷練後之處世智慧、與靜謐沉澱中特殊的感喟與領會，行文走字間鋒芒閃爍，視野卻宏遠而寬廣，充分展現了一位高齡八十長者的內聚力極強的氣度與胸懷。因此，他的「唱詩」是他「自我身體感」向外「放射」熱能的呈示，他寫得最好的詩則是他精神向內「收斂」爲文字因而飽含了能量的表現，此詩集的不少詩作即是他此能量內斂形式的具體印證。

掌聲響起

金筑

一九五六年加入紀弦先生在台北市組成的「現代派」算起，我寫詩至少有五十五年矣！漫長的時間淘入現代詩的浪濤中沖洗，經歷坎坷、艱難、試煉、迷惑、摸索、隨著詩潮的滌瑕蕩垢，詩壇上，總算各有了自己的方向，練達到創作的一定規格，一定份量，一定要求。因此台灣現代詩在世界華人詩壇，才有將殊的風采，顯出輝煌的成果。

二〇〇六年我出《飛絮風華》詩集，面對許多詩家的佳評與鼓勵，加強我對現代詩的寫作力度，堅定了信心和勇氣，清楚詩人應如何面對讀者，對讀者也深切的瞭解很多，深知新詩何以不爲群衆接受，如今，「詩」一詞，僅爲藝術的讚語，榮耀的代名詞或形容詞而已。許多詩人的詩，仍在空中樓閣中自我陶醉，許多詩人的詩，叫讀者蒙在鼓裡，搞不清幽深的內涵。一次聽一位年輕人朗誦自作，秋水主編涂靜怡小姐說：

「看不懂他詩的內容是什麼?」我只笑笑，這樣的詩人太多了，但是還得獎呢?

記得有詩人說：「你看不懂我的詩，是你程度不夠，欣賞力不足。」詩人態度狂妄自大如此，太可怕了。誰願作低水平的人?誰願是膚淺的讀者?只有無言抗議，放棄閱讀欣賞。這是詩人空蕩的勝利，日日沉醉在自我「偉大」中，已故詩人胡品清教授說：「寫了幾十年的詩，一些詩連我都看不懂，不知別人如何?」

經我數十年讀詩，寫詩的探討，得到一個較合理的解釋：我認爲詩的懂與不懂，要反正來思考，多一個角度來愼思明辨，才不會偏頗。客觀條件的具備固然需要一定的水平。也要有正確的態度；主觀方面，詩作者的水平才是極大關鍵，作者對於詞藻應用不當，辭彙不足，造詞遣句不切實際，意象拿捏不準，不統一。詩人雖有豐富的詩思，新鮮的靈感，只憑血氣衝動，結構顚三倒四，表達能力欠缺，甚至將自我獨特的意識納入詩內，讀者自然丈二和尚，始終表錯情。作者自認完美無缺，卻不能與客觀接軌，讀者自然扞格不入，無動於衷，這樣的責任，誰孰？

這些年老一代的詩人，這樣的玩家少了，年輕一代接踵而來，仍走上污漆晦澀之路，可能是詩的基因遺傳循環吧！

一首詩，想像等量很高，層次可以繁複，表達要適於現代人的節奏和感受，詩的路途才會有新的突破。今天大多數詩人已調整到合適的地步，才有超水平的陳現。

當然，詩是文學的精華，讀詩要有一點耐性，有一定的閱讀體會。自然就能進入堂奧，就會回味無窮。不是有何莫測高深，使人摸不透，不要說是詩，就是許多現代藝術，異於傳統太多，要調整觀念，轉換心情角度去欣賞，會收到一定的效果，藝術沒有懂不懂的問題，有的藝術只有「悟」，沒有懂不懂，能悟，就飄飄然了，但是，詩人必須表現出高華質的藝術神韻。

寫詩幾十年，保留的詩稿比發表的詩多，主要是對自己要求標準較高，不達到一定尺度，絕不發表，不敢言已發表的詩已達到很高標準，盡力要求自己，絕不殊散淺薄，許多詩作因此束之高閣，由於持續運作未曾間斷，潺潺細流，自有一灘的厚度。如今再度結集，給自己一個公平的鼓勵，讓創作不致散佚離譜，保持最好的基因，才有這册《擊掌》詩集的出現。

這些年，我的創作未採取一致風格，向多元的方向開拓，表現不同的面向。朗誦詩：採取較清晰的格調，合於自然的律則及朗誦的需要。因此，得到衆多的風靡掌聲。其中也有一些朦朧詩，不是不可懂的，那是空靈之作，需要以深處去領會，自然能悟出意境之精髓，內在之海闊天空。我也歌頌愛情的無窮無盡，倒不是老了還風流，而是愛情是人生和詩人心中的美點。外體雖然一天天垂垂，愛情的純淨情愫，永遠鼓動著生命的翅翼，天天飛翔，往往要到地老天荒，隨著年齡的增長，才能掌握更精準，更得體，景象更晶晶閃閃。

題材方面，不拘一格，看到什麼就寫什麼，常常無邊無際，以燦亮的心境，朗朗的歌聲，踏實的節奏，自由自在，寫出新穎的靈感，融入壯闊朗健的生活細節。由於擅長歌唱之故，常將聲樂的技巧納入氛圍，無形中添加入濃淡疏密的詠嘆，圓舞著歲月的悲歡離合，激盪著古典純淨的雅致！帶動詩意的澎湃起落。許多詩不押韻，沒有明朗的韻腳，卻有隱隱無形的平仄，在心靈深處起浮、顫跳。

除了人生的素描，曠達的哲思，也著墨於詩人好友的作古或壽辰書寫，情致則追溯傷感，或者萬壽無疆，不管那方面的感情，絕對認眞，學習締造新猷，不落陳套。得到資深詩家和友人的評鑑賞識，憑添給我的幫助和加力，徹始徹終的努力不懈。依流平進，心中蓄愛，揮灑方寸之情操，才有適宜的靈思泉湧，非常感謝。

內人江樹鑾女士，是現代詩的忠實讀者，許多詩人的詩她都讀過。近年也上場朗誦詩章，居然神采飛揚，音群緩慢抑揚，掌握得確切，恰到好處，是一個優秀的朗誦好手，得到許多讚揚與展望。她使我筆竅開花。我們常在一塊禱告，得到斐斐的開啓，才會力上加力，軒昂激進，筆縱千秋，歷數十載依然，眞要謝謝！

著名音樂家李中和教授，生前曾撰寫屏鎮一幅贈與，我們曾唱和時代的雄壯浩然，謳歌著歷史的哀傷激昂，先生之才情，非等閒者可以共語。斯人已逝，音容宛在，謝謝！蔡信昌教授素描本尊及老友詩人白靈撰《放射與收斂》序文，是一筆生輝，千韻迴盪，增強《擊掌》詩集的張力，非常的感謝。彭正雄先生編排製版和衆多親友的加油打氣，令人感動，一併謝謝。年紀愈大，知道自己實在微不足道，之所以能夠如此，全是許多人的推動扶持，只有衷心的再說謝謝，謝謝！

二〇一〇、七、七、於板橋

卷一

滴 春

從指隙
滴下青春
一滴一顆綠
一滴一粒紅
一滴一鑲黃
一滴一蒼白
最後
滴成淚點
碩長的驚嘆！

似神仙

漆黑的夜　被
腥紅的煙頭灼一個小洞
夜驚叫起來
魂魄痛苦的吶喊
日夜
灼燒得千瘡百孔了
延著孔洞走出去
薰香旛引
正火化
一根「長壽」

註：「長壽」台灣香煙品牌名

醉 秋

拾起一片楓葉
　　秋已醉了
翌日　但見紅豔滿谷
秋色入甕
再拾起一片楓葉
　　我也醉了
晨早醺醺不醒
而
　　甕中溢出
　　　縷縷詩香

獨　鍾

愛是如此輝燦
　春風拂過
　　煙雨中有妳的臨摹
　嬝嬝淒迷了心窩
加之繽紛的抒寫
　千萬噚的情牽
獨鍾
　一朵

俯　拾

拾起一片紅葉
　　聽到秋在嘆息
再拾起一片紅葉
　　聽到她在哭泣
不忍心俯拾了
因
我聽到
　　心在悲泣
　　飲淚　淒迷

疊　夢

將夢
滴入種子
埋入土層
醞釀生命的流程
及至清醒
全身一襲翠綠
綻放了花蕊
看
一枚蝴蝶　正翩翩飛來

影子（一）

拉長了
現實的提昇
壓扁了
虛擬　光的縮影

影子（二）

緊隨不捨的
　不是妻子
　不是兒女
而是
　行動在光明中的影子
卻時常
被遺落在黑暗中哭泣

影子（三）

投射水銀燈下
頎長的身驅
搖晃不自在的浪漫
猛然回眸
虛雅的暗影
吞噬入蒼蒼　冥冥

破　殼

渾圓的鳥蛋
　孕育一個夢
　　孵化
一個海闊天空
趺坐瞑目
　孕育一個夢
　　破殼後
翩翩樣飛隻蝶
一粒春

寄

秋象蕭煞
氣高雲風淡
落葉紛紜
紅消夢殘
聲聲悲愴　句句詠嘆
你獨自去遠方
南國尋夢去了
拾一葉秋楓
吹一口氣
遙寄平安

失　眠

將　一夜一夜的失眠
裝訂成冊
用心描摹　勾韻圈圈點
加上眉批簽註
哇！擲地鏗鏘
有夢的隻影彈跳出來

涙　化

相思涙水
浸濡心中
噙含口內
溢齒苦澀
竟消化成你的名字

鴛 鴦

澄澈的湖鏡
映照
兩隻彩影
縺綣成
縹緲　悠然　夢幻
滴滴詩

綠的風景

你的美麗
淡抹一嶺黛
綻放一天藍
泛漾一波春露
一頭栽入景緻
綠滿心懷

和 春

寒夜
冷氣颼颼
煮詩當酒
飲於你的靨渦
醉紅了豔眉
盪漾春河
泛綠了秋波

童　年

嗡嗡　蜜蜂飛來
翩翩　蝴蝶展翅
只因
我是一首小詩

彼 此

綴帶花
風姿綽約
體態嫣然
假笑木偶
裝模著樣
虛偽不真

弔

孤寂的風
　伴你空寥獨眠
　　夜的冷露
濕了墓頭的野草
憑弔的清淚
　一滴　一滴
　　閃閃冥冥的去路
想抓住　那是風
　永遠的失落

開　路

千山萬壑
　峰巒疊嶂
橫柯掩映
　歊蒸入雲
小溪劈掌
迎面
　幽泓一彎

甜　醉

斟一杯剛開甕的白乾
滲和幾滴鮮蜜
煮入沸滾的夢
一飲而盡
人　在甘甜的美幻中
陶醉

壯　懷

日月兩個大餅
夾滿雲彩的歲月
灑星星芝香　點點雨露
我咬一口
下到銀河漱口
入夢　入幻
和宇宙比身段

夜的江南

為了愛
剪裁蝶翼紛飛
浮貼你的鬢角
夜夜偷窺你的睡姿
薄翅點點　鶯飛草長

幻　化

昨晚
擁抱著唐詩
睡成一首絕律
被你輕吟淺唱
及至清醒
餘韻
巧囀鳴啼
在書齋中繞梁
回旋鼓浪

無　題

沒有愛情的日子
苦酒自酌
好想
醉成邱比特
狠狠地　射自己一箭

牙 痛

牙痛的表情
是一種藝術
　聚喜　怒　哀　樂
複雜的情緒於俄頃
　哭笑不得的神情
映入特寫
是奧斯卡的受獎人
　也不能望其項背的

新葬花辭

將自己描繪成春
滿身便萬花簇錦
擁抱一枚落花入夢
且墜入東風春泥
等待另
一位葬花手
荷鋤　驚動花魂
堆泥成塚
埋葬　現代的
情種

踏實

常常想上升穹蒼
與晶亮的星星等量齊觀
卻被地心吸引　動彈不得
一直很委屈

當我　一步一腳印
登臨一座小土丘
遂有踏實　堅實　落實
紮實的快慰

銜 接

每天
握別黎明與黃昏
每天
更替太陽與星辰
躺下 起立
睡眠 清醒
一次一次的延續
一次一次的遞減
累積生命的厚實
當生命在歲月中被掐斷
就銜接無極 通向
渺遠

億載金城

氣魄和雄心
足以吞併日月
矮矮的圍牆　鎖不住短短的歲月
當歷史重重剝下層次
滄桑歷盡
緊叩我心的
是那剝塵滴濕的聲音
久久不已

後記：「億載金城」古蹟，在台灣台南市赤崁樓附近

唉！噫！

回到衣胞之地
晚輩們
左攙　右掖　前呼　後擁
點點滴滴　無微不至
竟然　有幾次閃失
唉！　真的老矣！

回歸落籍寄居之所
右手寫詩　左手撫琴
前吟　後踊
我行我素　瀟灑飄逸
宛然　一片閒適的雲
噫！　仍然當年！

門

門內　寧靜　神秘
門外　芳菲　翠綠
輕叩門扉
門閂緊鎖
無隙　投入名刺

怎麼　竟忘了
冷雨的午夜　耳語　低切
冽風中的等待　承諾
握捏住的一束景幻
和　同詠
梔子花開的誓約

滄桑　歸來
以指繪門　輕取推掀
入門　歲月已逃逸
不見夢的踪影

紅　豆

我是妳眼中的一滴淚
在夢與愛中　偷偷滴落
跌落塵埃
化為春泥
咬住土壤　萌動
長成一粒南國　相思

少　女

16歲的真
17歲的雨
18歲的淚
19歲的凝眸
薄衫翻飛蝶花
巍巍
滾動多夢的雲彩

流　星

假借你的髮絡披瀑
罩襲　夜的神秘
億兆星群的河系
爍爍　燦燦　瑩瑩
須臾
以自己的熱情引爆
一顆
從銀河竄流　奔馳　焚燒
無岸的晚禮服上
鑽綴　最美的
揮灑

轉 化

聽到你的聲音
心上響起五音六律

看到你的美豔
眼眸長出了春天

神往盈盈的秋水
化為一尾熟睡的魚

悠　然

淡出杏壇
　桃李爭芳吐艷的景象
　　仍歷歷在目
而　弦歌繞樑
　昨天的燦爛　輝煌　誦詠
具往矣
　今日　摹擬
詩人採菊
敞開胸膛　南山天天在望
我剪裁南山的彩夢
　浮貼眼眸
赫然發現
　陶潛悠然在看我呢

時　間

奧秘　一條無止境的長線
打從起初就有了
何時開始不為人知
正如空間之袤廣　無人知
七彩之變　　　　無人知
生之泉源　　　　無人知
敲擊分分秒秒的節奏中
人類擁擠　蟲魚擁擠
野獸擁擠　植物擁擠
生物擁擠　無生物擁擠
存在擁擠　名利愛情擁擠
何其喧嘩　煩囂　錯雜
然而　秩序井然　一切平穩
漫漫的延長線
我們在一點上生活　終結
人類卑微　可憐　幼稚
一聲嘆息　瞬即消逝無影

詩人・靈動

悠游似風流動
閑散雲影飄忽
蓬勃的情感　火辣辣的
好像從地心湧出
在午夜光輝烈烈

心靈美如上帝的傑作
思維奇異
幻變多元的姹紫嫣紅
意象中的神采
有特殊的架構
生發新的程式

在物我超然
與錯亂的現實中
常展示
超現實的視景

溫差

二十世紀
我
在春風裡想你
在月光下想你
在花蕊內想你
在甜歌中想你
想你無極　想你無限

二十一世紀
想你
在果實的口感內
在美酒的暈眩中
在頻率的狂放裡
在網路中交會
想你很辣妹　想你很脆弱

香水百合

抒發內心孤寂
賞心丹管
描摹　勾勒
一點　一線　一濃　一淡
烘襯深邃的夢幻
扶疏的枝葉
金蕊吐戀
哀怨的表情
輕描已往的嫣然　爛漫
山幽谷靜的野放
融入孤寥
嚮往嫵媚的溫婉
妳說：是香水百合
我解讀——
是揮霍妳
未盡青春的流轉

盈盈一滴

荷池畔
妳的容顏
緩緩聚攏　婉轉顫動
縈繞　纖晃　閃爍　水靈
是二十年前滯留葉心的
那顆晨露　今仍
飽和　晶亮　潤澤　剔透
仔細端詳
未染歲月腳印的
翠色盈滴
已修煉成　一珠永恆
渾圓的美麗

初　戀

那滋味　蜜蜜　酸酸
　調成任何口味
　都　酷鮮　酷鮮

品味窩心的甜甜
　會心　閉眼的笑
　神往矣

美的更美　醜陋的　缺陷的
　矛盾的　不合邏輯的
　但見　彩姿晶晶閃閃

歌頌　讚美　祝福　原諒
　笑　淚　夢　吻
　彩搭喜鵲的展翅
邱比特箭矢的疾飛
　姿采美麗的標的

淡 出

退休後的歲月
進入新的領域
忘掉一筐塵煙往事
以及奔騰飛黃的嚮往
慎獨的要求自己
減卻名利愛恨
最好　晨早
踏著青青的大地
迎接晨曦
奔向黎明
經過花樹下
撿拾一片鳥語
握住一把清芬
所有輝煌都已淡出
青春也逝去
而披著　皤皤的白髮
獨向朝霞自唱吟

端　詳

夢影散落在你的麗容
鳶飛魚躍　柳淡風清
江南三月春正濃
划過悠悠洞庭水
飛越怒吼的錢塘潮
正好楓橋傳來張繼的誦詠
至終　迷失於
杏花煙雨　鶯飛草長
繽紛的花徑
春意了無痕

詩·畫·夢

畫中有詩
詩中有夢
夢中有詩人打濕的影子
在彩繪一首詩

詩中有畫
畫中有夢
幻景中有詩人孤獨的唱吟
牽引繆斯來畫中

擁入詩畫
彩繡成
一幅
山山水水　情情種種

古典芭蕾

一曳美姿
旋成
風
旋成
日　月　星座

那朵花開了
成為風
五顏六色的
風

揮灑　一陣雨
那個女孩
在風雨中　睡下去
羽化成一朵蓮
在瞳中
喟然　肅立

殘盞

又是　春夜　月圓　花間
從時空中突圍出來
融古典於現代　現代於古典
端起
李白的那杯殘盞
酒香正濃　豪情激起
邀請清月　太白共飲
對飲成五人
舞起那把青霜的古劍
紊亂，月影　婆娑飄逸
歌一闋清平調
惹動嫦娥在天際舞踊
醉眼相看　意興遄飛
在月光下　神遊天地之間
多熱鬧啊
長庚不再孤獨
金筑不再寂寞

茶　局

幾片青雲　載浮載沉
沖泡出晴朗的天
波心蕩漾
邀三五知己　啜茗椎心
空曠中任情緒奔馳
先是溫差　再是
參差錯落　高亢激烈
不協和的調子
騰騰的　在茶霧中浮昇
沉澱已久的舊事
迷迷濛濛中再現
苦澀的滋味
釅釅的　調和如蜜
將繆斯沖入茗甌
細品　慢飲　雀舌甘洌
冉冉起落　龍井生津
再沖再泡　湧出詩句

失 眠

世界
因我而儆醒
　　我是王

該死的已死去
　　想死的卻還活著
噬金牙齒說夢語的
　　一句　一句……

烏托邦的世界
　舞蹈　正燃燒女孩子們的裙裾
　紫色的葡萄酒流溢
　盜匪　神經患者橫行
沒有警察　沒有士兵
沒有法律　沒有秩序
無罪的宣判　死刑　死刑
我　王　無力統率這紊亂的世界

悅　色

繁放的萼瓣
迎向不穩定的世代
馨香襲入　柔適的觸感
使遮掩暗沉的臉色
舒緩和諧
放出　安詳的眼神
苦瓜沉沉的表情
蛻變圓圓西瓜的紅潤
長長冬瓜的線條
團圞為中秋的月滿

勾勒的描摹
是暈染的寫意
捲俏的睫眉　秀出千彩
有放電的快感
人人如是
無處不芳菲　無處不愛戀

虛杳的切斷

為鍾情的念織夢
覽鏡凝眸
與分身交契心音
鏡中人欲衝出
要求影像重疊
我無奈的回頭
鏡中人失望　苦笑
折斷時間的距離
催散伶仃的幻影
突然戢影消失
我惶惑震慄　緊握拳掌
而舒心泰然
原來分身已捏在手掌中矣

游方的雲

那雲　游動　向
無垠
向東　向西　向南　向北
向沒有方向的方位　而
杳遠

在時間內
湴湧向無限

飄然於
虛靜的大氣
浩然成
廣漠的視野

游方的心　噙含離淚
無蹤　無影
永遠　永遠　沒有
駐足

赤裸的魚

另一度的空間
　是人不能棲息的
另一種呼吸
　人不能仿效的
另一層的情結
　是人不能領悟的

悠游　浮升　潛沈
赤裸的胴體
屬於天體的社會
是人羞於裸露　啓齒的
透明　裸裎純真
在日光下
坦然
無偽　唯誠

睡　蓮

圓圓的夢
綣浮起青漣風紋
沉入一個
未醒的眼圈
默默
向星空
傳輸
昨夜不眠的信息
你
輕輕的走來
以眸睫翻綣
內心的朦朦
將南柯
浮繪於
那方彩畫中
彩繪
我圓圓的夢

舉　觴

把盞　乾杯
飲盡　秋後的黃昏
　西風的蕭冷
醉眼仰視　踩紅了的路
　沈浮太久了
嗚咽的日子
　孤寂的窘態已逝

如今
流向極座　明爍
健康而騰躍的
歲月是不磨滅的
擊節而歌
端起　長江　黃河的涓滴
飲盡　飲盡
悠悠的未來
曚曚中　有些許狂顛

火

燧人氏
　把自己
　　焚成第一株火苗
　點亮了黑夜

代代薪傳

　歷史有了火種
年年歲歲
　遍地狼煙　烽火
　熬煮千秋青史
　能熊的夢
轟然熔鑄成一朵煞煞的
曇雲

左公柳

遙想　荒漠湮野
天山溶雪
落照獨沐玉冰潔
大漠風沙　漫天蔽日
滾滾黃塵萬山疊
孤煙嫋嫋　牧鞭直指
塞上流浪者的驅策
天池畔　塔里木盆也
楊柳拂旌旗
一瀉蔥籠三千里
飄絮雲湧流
翠浪千層雪
但見　湖湘子弟
夥同季高魂影
染明瞻仰者的眉睫

後記：清將軍左宗棠，經營中國的大西北時，軍隊到哪裡，馬路開到哪裡，兩旁〈新栽楊柳三千里〉，後人稱之爲左公柳。

修　女

生命樹　長在天國的門前
樹　披著黑色的風
花朵　淡淡的　慘白的　冰冰的

沒有夢
未唱出的歌　就先瘖啞
笑　冷寂而莊嚴
冰冷的言語充滿奧義
眸子間點亮的靈光
照亮罪人的去路

是的　永不會結果子了　永不會
樹　應該結果子的　各從其類
而　這生命樹
是永不會結果子了
卻又果子繁纍

漁　女

擁著黎明的睡意
漁舟　輕搖蕩蕩
海風　初破層層陰霾
搖曳　拱戴起一輪旭日

網罟張撒開來
妳的髮絲輕柔
在海風中消瘦
妳只在乎
把鮮活的生涯捕捉

髮絡舞著曙天的潮氣
飄升起　朝霞彩光
打濕了髮稍
夢還未醒
你　蕩著空茫出海
裝滿希望回航

黑色的收穫

·阿富汗的田野·

連年乾旱
休耕　沒有收成
今年　仍缺雨水
竟然豐收
乃是
由死亡操作
引靜脈灌溉

九二共識

你說「沒有」　我說「有」
你說「有」　我說「沒有」
有？沒有？
心知肚明　都是鬼胎

有？沒有？
那是兩極　錯植焦距
我們生存在夾縫之間
尋不到著力點

希望在二元之外
找到智慧　迴旋空間
迎刃而解
而　不是
在夾縫中虛弄小慧
求取平衡　高空　殘喘

註記：（一）「九二共識」兩岸都曾經肯定「有」；或「沒有」過，端視利害而定（二）朱熹曰「小慧：私智、行險僥倖」

此詩作於二〇〇二年

悲情・抓狂

・二〇〇四年總統大選・

「砰！砰！」
是槍聲？
有人
應聲　卻未落馬
仍洋洋一付自得
曰：槍聲
與對岸無關
與政治無關
乃　個人行為
或老千組頭……
硝煙未散　何以知之？
欲蓋彌彰
太史公曰：
自殺未遂
三十六策之外者
騙取悲情之抓狂也
奸佞傳略憑添一人

保母之歌

我們是一群
熱愛生命
熱愛社會
熱愛國家
是新新新人類的保母
推動搖籃的手
推動生命的萌芽
推動寶寶人生的開始
啓蒙小小心靈深處的活水源頭
匯集成大江河海
灌輸國家流暢的命脈
水彩多姿的未來
讓每個家庭
幸福歡笑
洋溢光輝和榮耀

後記：台北縣保母協會創會理事長林儒慧小姐囑爲協會撰讚歌一闋，作爲精神之策勵　故得《保母之歌》

冰　釋

·應和雲南詩人馬瑞麟兄·

攜帶玉山的氣候
放飛入石林　大觀樓
驅趕日月潭的雲朵
投入滇池　金沙江的波心

淡水河溶流入盤龍江去
你笑　我笑　你歌　我也歌
短暫相聚　涓滴相契
不必訝異　永恆了情誼

閃閃的雙眸
亮麗我們的靈魂
靠得更近的身影
冰釋了　兩岸的沍寒

牛的混聲

古早的田壠
牧童的笛韻杳遠
杏花酒樓的
旗幌
招展　中影城的市井

以虛渺之手段
炒了地皮
鐵牛
轟隆隆的
高吼出頭天的歌調
無奈
牧童哥　出走平疇曠野
趕著丑類　落荒
下海　應召謀生
牛肉場內　牧童的
命運一樣悲哀

狂飆的雄姿

·賀楊政敏大師畫作馬群展·

長鬣飄雄風
印蹄踩踏萬鈞節奏
尾翼掃落曠野塵埃
萬里閃爍流火的奔馳
慷慨嘶鳴　嚼食大草原的陽光
傲嘯貫日月
威氣壯山河
飛蹄綻開勝利的花朵
啊啊！震撼大地的閃電
向　漠野　山岡
向烽火　向歷史的青雲
疾風如弓箭矢放
飆獵一枚輝煌的落日為獎賞
風雲湧動　年華蕭蕭
馳騁的夢永不凋

一九九五的希冀

時序　又翻越一座關口
舊的歲月　歸檔存查
對你的思念仍就依依
瞻矚另一個開始
充溢
新鮮　好奇　希冀　光明
且有挑戰性
掌握住契機
迎接任何橫逆
親吻無限的祝福
挺胸　昂首　歌唱
大步向前
一九九五年　呈現出
一片璀璨
翩翩你我的風采
我們握手
巍峨起一座新的詩魂

焚焦歲月

沒有愛情的日子
朦寐中
偷竊邱比特的一隻金箭
滿弦待放
而青春的熱浪　被焚成灰
南台灣的太陽
將煩惱冶煉得一寸比一寸長
我唯一的選擇是
日夜休克自焚　夜夜挺進陷落
在夏夜墜落前
得為自己築一座詩塚
舞動青春的旋律
攜夢和金箭一併殉葬

情　階

輕輕的點吻
　掀起妳滴滴亮的喜悅
　　橫凝眉目之間
再親吻一下
　收斂起笑
　　眉目綣簾
再親擁吻
　春花開放
　　臉頰紅紅紫燙
將有　日出
　　月落
　　　星垂嘩嘩的荒奔

溫　玉

夜　靜謐　溫馨　愛戀
厚厚濃濃得化不開
月遁星隱
吹熄雙睫　導入心室
擦亮起靈犀的光暈　目視所及
在漆黑的幕景　彩姿頻仍
所有的美麗　在黑玉的夜風中燦然

握住一把弱水　握住一朵浮雲
所觸所及
溫玉般柔軟
純潔　細膩　溫婉　潤澤
像小麥在手隙中流洩

夢　更均勻　神秘　無瑕　成熟
在黑玉扣罩的斗室
裸裎的夜　被野性撕裂粉碎

癡人的夢

穿上戎裝
天天想射下那枚太陽
人云亦云
及至洞悉
后羿荒唐
將基因遺傳後代
代代出癡人

青春在夕陽下
奄奄一息矣
太陽正烈　正旺
及時省悟
收藏起弓箭
冬天來
最好曬太陽

卷二

擊　掌

那是一個
繁花春暖的夜
一場交會　一次有意圖的
擊掌
兩極碰電　火花閃亮
碰擦的磁力　傳輸體溫

經歷　人生的夢　幻與現實
試誘之下　竟然破滅
打開手掌
尋找生命的交會點
紋路叢叢　疊疊　障障　錯綜跌落
在指隙間斷裂
斷裂處　是生命的轉折
放開手
各自分道不同的路口

飛逝許多個春秋
仍能冥想出妳手掌中的條條溝紋
和當初擊掌碰起的笑聲

那天　在街角的轉角處
捕捉到妳的倩笑
看看
掌隙斷裂處　未能補合
怏怏　忡忡　難以恝置
而靈犀的頻道　波光閃爍
頻頻催逼　圈圈圓圓的溝通
試圖互以手掌密合
斷裂的線紋　竟然輕吻緊密
無紋的銜接　是頻率的密接
透過時空的另一動向　我們
又在另一路口　交會
擊掌　掌紋頻頻掉落

晚霞滿天

·給妻的旋律·

日薄崦嵫
妳披著青春的華氅
融入霞蔚的綺麗
來赴夜宴
感於妳的至真　勇敢
我將霞輝
投映妳暖花如錦的晚裝

彩影中
聆聽妳
高亢入雲的誦詠
婉轉　麗空　拔昇
將夜鶯　晚蟬　睡蓮
渲染如清晨的音籟

我學習
以低音的渾厚

協律清脆的諧和
以兢兢的顫音　錯落
參差　不等的共鳴
飄然成一支
蜚聲的長調

晚霞
漫天輝亮
獨顯妳華茂之丰姿
雖大相逕庭
我　困圍入
四季層層的凝翠
心靈全被春染綠　染綠

另外的淵流

傳統的種仔
深植脈源遠流
凝結於心
就是
細雨紛紛的清明
虛懸數十春秋
幾乎　從
惘然中迷失
有幸
與妻連理并蒂
淵源另有注釋
才
手執箕帚
祭掃泰岳的丘塚
雖姓氏迴異
也無清淚　紙帛
寸寸由衷　戚戚哀矜

如今
種仔
吐芽 繁茂 開花
嘉南地的春色（註）
綠滿情懷

註：吾妻乃嘉義人。

蝶戀花

翩翩的蛺蝶
以不安寧的心
搖醒了花魂
舞起來的狂想
招惹惱人的春色
翻飛　穿梭
靈魂飄起一片春訊
在沉醉的夜
駐足　尋愛
顯露青春的采風
散播馨香
襲往　過來
使那些
不安寧者
醉死　迷死　薰死
捧為可憐的祭品
其實

蝶與花都是犧牲
都是祭品
在時空中
頹然走過
牽引莊周來同住
若夢

遲來的三月

·為錫婚而歌·

冰封的天地
蟄伏極圈　好冷
潛駭太久　凝凍成冰彫
孤獨　寂寞　無夢　無歌
臨及知命
千年的始雷　終於
震醒了蒼白的季節

來了
擂動春雷的鼓號
芒鞋踏遍　猛然甦醒
三月　幸福的腳步
姍姍遲來
春風輕弗　溪澗生情
桃紅柳綠　燕語呢喃
聆千場交響為一聽

集精彫細琢為一刻
鑄百藝之美為一身
釀百花之蕊為一蜜
臨摹柳眉之情
案舉齊眉之禮

從此
天天三月　日日陽春
晨晨春風　暮暮月華
透迤三千個春天
夜夜啊　碧海青天
夜夜啊　地久天長

微　醺

你的醉姿
朦朦自矜
黛抹均匀紅暈
笑　巧巧倩倩
　　流盼嬌嗔
歌　恬恬嬝嬝
　　泛音欲滴
詩　仄仄平平
　　韻難協律
心　怦怦拍拍
　　撩撩鼓點
旖旎的風情　神旋搖曳
眨動你垂翕的睫翼
浮載千萬噚的愛歸來
我　解讀
　你的眸語星星
　　爍爍　明明　密密

你　未酌
就已醺然幾分
　點點染向夢令
我　徹夜戍守
溫柔　凝注
你散落的花鈿
且　用心臨摹你
　蕩蕩　千千　水水　緋緋
　的醉媚

簾　睫

眉睫閃爍
漾泛
一簾幽夢
青青澀澀的嬌慵
是綻是歛的矜持
頻頻眨眨的合閉
是
現實與夢的交替

而
生機勃勃
仰直而止
卻網捕不了
沉沉的凝思

睫影下
睡意闌珊

徘徊　猶豫　踟躕　了了
再也無隙層入

當閉蝶　彩瓣
輕輕　柔柔的
被噓息吹掀
洞開　豁然
盈盈
一池秋水

回首的流盼

小雪霏霏
大雪漫漫
無意　又
捲入你髮茨蓬鬆的春柔

模糊的
姿影　本已難辨
碑刻於心的紋彩
歷經歲月　也已風殘

恁地
又是一片雲
偶而　投影波心
情愫依稀蕩漾　洄縈
驚鴻一瞥　怎能不訝異
然

年華畢竟老去
機遇不復當然
朦朦的簾睫
僅見　慘澹的光影
緣盡的
茫然

冬天裡的春天

凌厲的北風
霏霏起　陣陣
雪花
藍的　綠的　紫的　黃的　紅的
彩姿紛陳
襲蓋著一個遙遠的詩魂
使蟄伏的意象
蛻變的生命
飄……
彷彿一片雲　一顆星　一葉舟
　一聲嘆　一粒幻　一堆冷

雪霏霏　意霏霏　夢霏霏
推開窗
從天際　從北方
純白的雪片撲擁入懷
似乎

我聽到歌唱　入眼真摯的笑
觸撫逾越現實的存在
是超現實的契合
這時　世界合攏了雙眼
憑著氣　別出聲
讓美麗抓住
一枚蛺蝶

人生素描

那懸空的搖籃
零盪一床小夢
輕盈　起伏　飛昇　空蕩
飄入　繁花鳥鳴的天空

展眼夢的窗户：
透視　遙望
繽紛的青春
發青　繁茂　壯結　紫豔
渾圓——
生命的綽約
當　最後一枚楓葉
晃晃跌落
所有的聲音
都化為喟嘆
我奮起前行
時間追趕身影

緊逼垂入
暮色夕輝
一列體系的故事
到了壓軸
灰暗中
一隻黑手揮舞頻頻

瞬息　此刻
前瞻止步
聽到母親的
呵護　呼喚　憐愛　安撫
小夢　在
搖籃中
塵化　凝靜　安詳　穩妥
我在稚真的啼笑

人之初

蠶蛹般
　以花蕊的芒鬚
燦爛洞開另一天地
　　瀉一道奔紅
嘩然
　一顆星
殞落未知的空間
　這樣
　一個世界
誕生在世界上

　　前奏
　幕啓

一列風景　自此陳列
一個體系　開始運作
一顆意念　啓動堅持

一綣感情　點火燃燒
一弘思緒　學習演義
一個實體　運行
　在眾多實體中
備嚐辛酸苦辣
歷練老　死　病　休……
勇往直前
人生是
義無反顧的
　昂然

分　娩

有一首詩
懸掛秋末樹梢很久了
遲疑很久了
應該在西風颯颯中掉落
不能瓜熟蒂落的原因
是缺欠躍動之引力
少一份催促

沉壓在心境
那份著力感
著實很沉、很沉
在胸中懸宕
搖搖擺擺
如難產的少婦
分娩陣疼
在不穩定的氣流中
搖搖欲墜

假如
有個牛頓
在樹下找尋靈感
接領另一頓悟
一定　一定的
墜落下來　墜落下來
哇！
是破天曉的
新生命

大草原

馳騁　跳躍
　　奔騰　飛翔
心靈的大草原
駐滿理知　和悠杳的詩思

在這裡　有
　　白馬王子的瀟灑
　　　　白雪公主的麗影
米老鼠的靈精
　　小鹿斑比的踴躍

在這裡
　　祥和一片歡笑
靜謐止了的心跳
盡情狂歌　任情哭泣
舞起來的腳步　是新體系的營造
盪起來的春意

馥郁百花繁放的風情
沒有警察　秩序井然
沒有武裝　橫逆不生
有生機脈動　無污染
有諧和的旋律　無群體的鼓噪

展翅上騰的
　是愛的翅膀
每一個笑靨
　是天使劃上的弧圓

自成的天地
　烏托邦視境在此展現
　我是王　是主宰
遨遊這無垠的大草原

燈的蛻變

燧人氏
播下火種
光耀文明的濫觴
映照遠古的黃昏

豆燈花蒂
紅燭剪明
　全被油脂挑旺
綠了夜的激情
不寐的夢
被
撩醒

遮入
電化世紀
銀光閃閃
　通宵達旦

　裸露夜的神祕
為何
炬明復盲人眼
熒熒投射
無力屠入心臟
　心靈之最　更曹然
君不見
　社會層次
仍
　　一片
暗
暗
暗

霓虹燈

霓虹燈
閃爍多彩的風姿
駐神定觀
幾樣風騷而已

那迷彩
翻映流行
　風尚　時髦
　青春　美麗
呼喚出
　漂亮一下又何妨
成為黑洞　幽遠
　成群結隊的
　　心心相映
走進去
　　出來
又走進去消費

許多荷包
擠出一滴一滴的
　血和汗
一些生命被吞噬

夜夜　霓虹閃閃
那媚眼
拋過來水波
蕩過去花浪

幕底
一張血盆大口
活吞了夜空

拍　攝

待擊　閃紐的快門
專注正浸漬的景象
以輕靈又脫跳的節奏
閃爍俄而的「卡擦」
接受光子微粒的
躍入

妳亮麗的妍姿豔質
以詩的優姿款擺
與迷離的意涵抒發
輸出妳綺麗的
基因

收藏入匣子內
映照一筐詩景畫意
顰笑漫真　儀態萬千
滿足了快門的

獵取

時光圍繞太陽奔馳
孃孃的記憶凋謝
剝開薄薄的非林
享受曾捕捉到的焦距和
迷茫

時空的變奏

歲月成為
夢境的跨越
坎坷的記憶
刻深了
悠悠的年華
從昨天　到今天
彷彿嘆息

往矣
數不完的分秒
銜接成圓潤
完全　剔透
晶瑩的宇宙
展示
謙謙之風範

現代的領域

尋覓五味之外
另一種感受
被發現　多元的風貌
自我哭泣
自我嘲笑
自我捶打
自我煎熬
意念浮植
搗成
瓊玉佳釀
細嚥慢飲
陳年的芳菲
給予
無可置疑的肯定

獨飲寂寞

把酒的顏色
裝飾在臉上
緋紅中透出杜康的糟香
裸裎滄浪的醉姿
拉扯成詩的形狀
我吸飲的
非煙　非霧
非雲　非花
分明是
花間一壺酒之獨飲
只有一人
偏偏說對影成三人
難怪要到水中去撈月了
淹入酒甕
醃息了生命　千年了
釀不出一句詩來
今晚

端起一杯寂寞
就是長庚凝結的意象
杯底朝天
遺滴下　尚剩一粒星
就這樣　一飲而盡
自然　我不會
絕對不會　趁著月色
到水中把自己撈起來

沙　彌

青春才萌芽　吐蕊
就被滾動的唸珠
輪迴不息
串入深深　冷冷　杳杳

沒有春天　沒有色彩
沒有夢　灰冷蒼蒼
把自己　閉關成
眼觀鼻　鼻觀心　心觀空杳
混然　凝濛　木然　空茫
在悟不透的
命道上漂浮
孤獨　孤獨的日子
隨清煙嬝嬝逝去
沉沉的晨鐘暮鼓
激蕩　昂揚　亢響
枯寂的歲月

撞進了心跳
在四大皆空中震顫

希望
把自己
摹擬成金身
夾帶恆河沙數的舍利
奈苑　浮屠的蔭影處
蜉蝣閃失而過
無夢的身影
圓寂
萬有俱冥冥漠漠矣

歲暮驛站

公轉
三百六十五個圓圈
流光永不疲怠
將春夏秋冬串連
喜怒哀樂
晾乾成風景
歲末
時間打一個　結

這是
宇宙中的一小站
其間
有人上車　下車
上上下下　絡繹不絕
車
在時空中奔馳

擊掌

一天
有可愛的召喚
揮揮手　如脫繮的星球
掙脫公轉自旋的律命
向寰宇之外　杳杳逸去
如果
來不及道聲再見
請恕我

根

地底埋藏脫序的嚮往
吮吸地心的精髓
要在藍天白雲下
催化另一種訴求
不是夢　竟果然

春去冬來的遞遷
死死咬住泥土　又無法擺脫昨天
醞釀另類理念　打造模糊的明天
發酵成酸澀辛辣的混變

終於撐起綠色的傘蓋
好像已出頭天
狂喜　自大　蠻橫　欺騙
儼然
孫行者君臨天下

蕭條的氣候
有空浪浪的幻思
傳統　名稱　軌跡都要去勢
恨不得拔自己的根
果如是
半撩半透明的空巢迎刃而傾
銹得痴
荒一灘白花花的
失奔夢

賭　場

輪盤彈跳的彩線
撲克的臉孔
生冷僵凝
靈異的表情
　　凍結不化

賭徒們
吞雲吐霧
裊裊的夜
　　從半空中跌落下來
半盅涼冷冷的咖啡
餵食麻痺的唇

惟有
鶯燕調和著氣候
穿梭低翔
美姿的誘餌

以青春作籌碼
亦難填平慾壑的黑洞
最後
傾其所有　將
情感　血　汗　淚
恨　兒女
孤注一擲
瞪眼兩翻
冷然　茫然　惘然
絕然　木然　暗然
——不服輸也不行了

顧 景

細數春秋
已是麥丘之叟矣
曩者
摧堅陷陣　闖蕩中原
壯志　少年十五、二十時
隨之
翻山越嶺　漂洋過海
鎮戍一隅之域
縱有五關六將之徒
早被關羽𨓇盡殺絕了
雖仍束箭壺　仍有渾身解數
手提刀落　而時勢寶塞
無用武之地矣
躍躍然　最後
僅是一個徒手的衛兵
竟然
被不合理所掌握

命運被搓捏扭曲
青春遭冤屈撻打
豪氣勃勃的年華
歷盡黑白顛倒的擺布
自己那敢有
願景
如今
垂垂朽矣
已無日月可想
不可能再造風華
繡織彩夢
唯願
大歸之期
臨摹黛玉焚稿
稿焰中　冉冉升起
人生虛幻冷情的完結

古　炮

當年
雄姿坐成泰山
孔丘見了
也而小天下
轟轟的怒吼
震天響應
從火柱中
隆隆　隆隆　吼成
男低音　威風八面

那個年輕的將軍
縱橫一匡的英氣
躍馬長嘶　指揮若定
仍影映在印象中

如今
我的容顏

龜裂成甲骨文
刻畫的故事
永遠訴說不完
在空曠的草地上
有誰傾聽
有誰理解
而
在時空中
入定了
步入永恆
且
威鎮成風景
展示藝術的
威儀

道　路

童稚時
蜿蜒著古道躬身而行
過往都是
滄桑　陳蹟
拉開一線視景
但見
每一步徑
血跡斑斑
汗珠將青石板的馬蹄印
滌洗得晶亮

乃至年長
也滴血　流汗
滲入古人的艱辛
自己也躺成了交通
鋪陳
一脈南來北往的景觀

仰臥屈伸的姿勢
很寂寞　孤獨
但見
躍進者的腳步
或輕或重　滾動時代的巨輪
伴和青春的節奏
疾奔　狂馳　能量無限

而我仰瞻
泱泱穹蒼
悠悠的白雲
默默的
獻上至誠的
祝福

禧年紀繩

給
時間打一個結
緊紮流光的紀繩
環結上
拴緊了群眾的總和
人們　曰之為歷史
以苦難　殺戮　死亡　枯骨
堆砌成　榮耀而自豪

另一朗朗的
歷程　離心脫軌
銜接著
無限　展望
無盡的漫漫路
是一個
開敞　耀明　自由
釋放的禧年

人類的
身價　尊嚴　信念
和平　愛憐　盼望
再度得到肯定

當我
看到　花謝花飛
香斷沉寂
祈禱聲中　深思
警悟　體會
也將
繫成心結的紀繩

註：無文字之前結繩記事

天外來客

·參觀四川廣漢三星堆博物館·

輝煌的年代
曾閃耀萬丈光芒
一旦
淡入　沉寂　深埋
唯聞地脈的跳動
苦守冰冷陰森的寂寞
使許多傳說
隱於時空之外
未曾估計
未曾衡量　在
斗換星移的歲月中
持住幽暗的苦待
將有多久
人間爭城掠地
浴血奮戰
多少王朝遞嬗

屍骨深埋土地
化為泥　化為水　化為氣
化為虛無

而　訪古者的腳步
探入你們金色的夢境
闢開一切寧靜
終於　你們
從大夢中覺醒
走出邃密原始的國度
重見當年的太陽
注疏
古今意象的異同

後記：一九八六年四川廣漢三星堆出土上千件以上古文物，有別於中原古物，史家稱爲「天外來客」。

鼎足的氣象

·賀北京詩刊三百期·

詩經三百
風雅頌　賦比興
是文學的鼻祖
中華文化的濫觴
雍容泱泱的風範

唐詩三百
律絕樂府　平仄對仗
是文學的精華
芳馨遠播千載
萬花撩亂　美不勝收

詩刊三百
承先啓後　繼往開來
是詩壇祭酒
傳承文學的新章
獨領時代的風騷

詩經三百
唐詩三百
詩刊三百
成熟的數字 振興華夏文采
鼎足 詩國的新氣象

兵馬俑

陰風颼颼　破天石震
嬴政的幽靈
　浮土而出
烈烈的威風　已成既往

解裝的武夫　銳氣風發
彬質的秀士　方正翩翩
　站成威儀　列成陣式
　排成屏欄　巍峨長城
迎向　陌生的子孫

痛泣之聲　似在昨日
絕望的呻吟　彷彿隔夜
封凍為沉默的內涵
　僵硬成化石
無告的心　覆蓋在
方土重疊　長久休止

冰封在幽暗的地窖
　封建　奴隸　黑暗
　專制　恐怖　愚蠢
　　　都已葬埋
從時間的斷層中　迎向新的世界
出土後　風化成歷史
　　塑成新鮮人——
　　　藝術的族群

昨日死了　今日活著
今日死了　昨天活著
走出了黃泉　走出幽冥
融入微波閃閃的掃描
沒有中心　沒有主子
　　沒有萬歲　沒有萬萬歲
因為　始作俑者的名字
層層流光的劫數中風乾了

中國不會亡

滬江畔
烽火連天　點燃正義的怒火
八百壯士　提著頭顱
威立成八百面鋼鐵盾牌
含悲憤恨　擎起反侵略的風標
刀出鞘　彈入膛
四晝夜浴血奮戰
怒吼的血　爆漲如潮　奔流滾滾
雄健的歌　鏗鏘洪亮　震天價響
十萬強敵不敢當
祭出的燔火　血雨腥風中
雄雄旺旺的烈焰　燃燒在
四萬萬同胞的心坎
升起青天白日的旗幟
舉起心中不滅的太陽
吐納天地浩然正氣
精金鑄造的英名

絕巘無雙
在凌煙閣焯燦閃耀
血灑的音符　昂揚歌唱
靜脈震顫　激動
心跳著鼓點　揮動響鈸
來呀！聽！
歷史在傳唱——
中國不會亡！中國不會亡！

後記：抗戰時期，傳唱的《歌八百壯士》是一首家喻戶曉的歌曲。「中國不會亡」是歌曲中的主題。顯得不夠積極，後改成「中國一定強。」

弔屈子

高山　平地
丘陵　沙漠
　任何地方都可以安息
你卻選擇漂水花
　漩入
一泓清水的沈淵
　且任嗚咽嬝繞
　　一沈就是二千年

任何悼詞　頌語
　歌詠　哭泣
　米粽　菱角
　菖蒲　艾草
以及徘徊……
不能喚醒那
　不幸的悲憤

想必是　歷代
足以斷流的
　悼念和嗟嘆
累集太多
　　太重　太深沈
積壓你夢難甦醒
我想　你永遠不會清醒了
你不朽的精神
　垂鍊成
　不朽的象徵
卓然矗直
青史的風標
榮耀的
詩魂

玉樓羽化

·悼文壇巨擘無名氏先生·

金陵城頭　落花飛絮
燈殘　夢斷
黃昏浸濕你的腳步
淡水河畔　水鳥倦翼
淒風　冷雨
暮靄罩襲你的身影

乃夫先生　你走了
走得太快太速　太匆匆
塔裡的女人情緣未了
北極風情畫的淚痕未乾
哲人已翩然羽化
空留魂影悽愴

典範昭彰
惜乎　哲人萎矣
大雅兮　凋謝

玉樓兮　失仰
薤露盈盈　閃閃
悼詞悲悲　切切
冥合於自然　閬苑歸真
但見
文曲星長空劃過
映照青史燦亮
長明　你的名字
在華夏邦域翠綠芬芳

後記：無名氏先生本名卜乃夫，於二〇〇二年逝世於台北市，先生四〇年代在中國就是有名的作家，最早的代表作：《塔裡的女人》《北極風情畫》，轟動文壇，震撼全國。

菲薄絮酒

·悼詩人王在軍兄·

你　提起斧斤
合力　披荊斬棘
寢饋蹈厲　闢出一個小天地
灑《雨與淚》的錯綜——
灌溉幼苗
以《心湖》的漣漪——
網波惠施
年復年　月復月　日復日
姚黃魏紫　晶瑩剔透
粒粒優質品類　臨風
高懸　《筆》秀而百穫
獨展美麗的新姿

而　你卻瀟灑地
走出園子　步出詩的國度
騎鯨西飛　召赴玉樓
輕盈　飄緲　灑脫　遠逸

向長空　白雲邈遠
疾馳
奔赴
詩　音樂　舞蹈　美麗　幻境
融鑄的《理想世界》金彫玉琢的國度
你　息掉人間勞苦
遠離紛擾紊亂的世界
永遠安息主懷
請為我們
詩壇的秩序　和諧
作　永恆的祈禱

後記：《葡萄園》詩刊發行人詩人王在軍先生於二〇〇〇年十二月七日逝世於台北市。著有詩集《雨與淚》、《心湖》、《筆》及三萬行長詩《理想世界》。世界藝術學院頒榮譽文學博士

四雅書生的造景

·觀陳人山先生畫展速寫·

抖落一身紅塵
禁絕物欲與自我
瀟灑的步入「無定法　無定相」
人山君子的畫境——探索　密密的彩思
踱蹀騷人墨客的心靈：「超脫自在」
悠閒以「逸興」　坐看飛瀑生煙
覽「風竹」　「顛倒山人竹」
抒寫出一幅恣意的狂草

以古稀的風範　彩調之所之
神意之所向　無不生動　無不藝術
「陌頭垂柳」陰陰　捷報小燕雙雙
而「轡紅」馳騁於垂柳
輕拂起　紅妝的韻致
使馬蹄香　瀰漫故國家園
姮娥夜夜的心弦　「疑是奏天琹」
飄降的銀河　共鳴玄思　冥想

那個奔月的倩女
暗飛起千百丈的龍吟

·

煉鋼的爐火已滅
山已禿　水已涸　一抹冷凍的風景
陳現鬱鬱的山石　昏暗的林影
「富山貴水本吾鄉」的懷想
只有得到夢幻中

幾個高人「松下論石」
仁者　智者　各之所是
唯「出塵橫翠」的四雅書生
能展讀胸中的雅意　人生的堂奧
隱隱的筆觸　蒼勁的行墨
疑是黔山烏江的魂影

後記：陳人山先生擅長詩、書、畫、金石，故人稱四雅書生，「」號內的詞語，係人山先生的名言或畫題。

卷三

心靈的奠祭

·悼念1999年9月21日台灣中部大地震·

夜半　驚醒的魘夢
瞪著
威怒的大地　以
雷霆萬鈞的瘋飆
穿山越嶺　遁地咆哮
撼搖地層的根基
風雲板蕩
震顫蕞爾小島

地脈剎那竄奔
所有的心
呼天搶地　絕望中
張惶失措　飛灰煙逝
俄頃
時間凍結
戰慄　驚駭　恐怖的
嘶喊　曠山野地層層翻滾

河山瞬息　柔腸寸斷
縱橫俯仰　破滅　破滅
是死亡突襲　魑魔搶灘
倉促變起　天倫夢遠
驀然驚覺　粉碎撕裂
生命的質量　銷化入陰森的泥塵

霎時
烏溪的歡唱變了調
哀戚　愀愴　嗚咽　流泣
大安溪呼號
悽厲　悲涼　痛苦　憂傷
調性急轉　扭曲了節奏
全國震驚　同聲嚎慟
世界愕然　伸手愛援
我踽踽虎子山麓（註）

躑躅裸露的九九峰下
暝暝漠漠　灰灰沈沈
掬一行清淚
綰繫心花一朵
絮酒半盞　獻上沈痛的奠祭
以瘖啞的呼喚
魂兮歸來　魂兮歸來
魂兮歸來　魂兮歸來

註：埔里虎子山爲台灣地理中心。災難最嚴重之處

大災難的序奏

·2004年12月26日印尼大地震的創痛·

是造物主的震怒？世界末日臨及？
地球將毀滅？第六印的序奏　大災難起頭？（註）

蘇門答臘被宇宙的巨掌輕輕一掀
馬六甲海峽的心臟　狠狠的被插上一刀
版塊與版塊推擠　斷層與斷層壓碎
印度洋底層宰制摧折
地殼破裂搖撼　海水呼嘯氣喘
洶湧　咆哮　狂飆　砰訇
排山倒海　瘋奔萬里
地獄的根基精神分裂　崩潰
以千顆原子彈的震力　將所有的夢　夷為死亡

死亡張開大口　吞噬不分畛域的品類
五分之一的地球　抽筋　悸痛　痙攣
大地扭曲得怵目驚心　萬劫沉淪
美麗的渡假　走上鬼域之途

一剎那　飛灰湮滅

生命如螻蟻　萬民為芻狗
填不滿黑暗的大坑
餵不飽陰間的門户
往生人口　天天開紅盤
節節攀升　百位數　千位數　升入數十萬人
是死亡最豐盛的晚餐　人類空前悲慘的浩劫

人類的仇恨斷層　墜落深淵
驚顫的表情　從波濤的淒慘
一齊擠碎成最猙獰的哀嚎
碰砸為永遠的湮沉

全世界的人
不分國界　不問種族　不理貧富
空前大團結　手牽手的站起來

共同在漆黑陰森的傷口
把將殘的燈盞挑亮
把壓傷的蘆葦愈合
以淚珠串線縫合斷層
以愛心療撫心靈的悲創
以頻頻的餘震為重建的動力
人類心連心　掌握相融相濟的契機
謀定人事　再造
繁榮的地球　大同的國度
完美神聖的 新耶路撒冷

註：二〇〇四年十二月　印尼大地震及海嘯，死亡達數十萬人。而聖經中啟示錄六章12-17節敘述世界末日的預言，其中第六印是大災難的起頭，是世界末日的開始，現今地球上發生的地震，海嘯及一切災害，較預言中描述的小得太多，只能算是序奏，也是向人類發出的警告。

蘭　禊

你翔飛的眸子
瀲灩柔柔的纖情
且嵌成一方鏡幕
透明地　將懷想倒影成真

明晰的風貌
窈窕的殊姿
顫動一樹花嬌
光影下
閃爍的枝葉
晃映喜樂的流金　明明滅滅

從鶯啼的翠谷
傳來詩情的清吐
響亮繆斯的吟哦
和暢巧囀而祥和

醉於蔭下　眠於夢幻
青春在不回頭的過往
硬被拉了回來
溶入詩情
笑容和心跳得以調適

不致讓代溝
比海峽寬廣

當悉知你是書拉密女（註）
肅然起敬
因而
萬里的遙遠　切斷了間隔
融入心靈　濃縮入方寸
以王者之香　飄灑入葡萄園

臨別的凝眸

淒淒楚楚　從眉睫升起
有意的隱避　欲除怯離緒的依依
夢寐的小聚
太匆匆
只能低低道聲珍重
共同預約　彩繪一幅
菊黃的明天

註：書拉密女，乃聖經中一虔誠女子。

後記：一九九五年「九歌行」訪問團在北京與詩人周淑蘭小聚，臨別依依，淚灑燕京，故詩誌。

無限流轉

海水浸淫的
堤岸
巨浪衝起白花
黃昏已被淋溼
激情漸漸褪去了
妳散亂的髮絲
播散
野性的抒放
我們躺臥沙灘上
星光閃爍　流螢點點

那是昨天
一切都已抹淡
唯有景象
糾結成剪不斷
理還亂的
纏結

畢竟
生命註定的
都已隨風逝去了
今日的巧敍　是
萍水的緣契　不知
我能給妳什麼

只願
他日再轉綠蘋
將機會留下　將舊夢刷新
張開雙臂
簇擁
層層穩固的誓約
當我想起
誓言再三重疊

啊！是的
應該再將　魂影
交給風　一併
寄給妳
了卻日思夢想的情牽
調整心潮
日日參差的
起落

風不止

一聲淒風
一陣苦雨
一坯黃土
一方冷碑
斑石陰綠處
一個滾燙的名氏
僵硬幾行眺望的淚眼
植立母親的容顏
我的名字
分排在同胞的行列
算是被擁入
慈懷的孝姿

數十載停格久矣
如今
佇立　塚丘前
以往的歲月

被強行
摺斷　如今
再銜接
歸來的今天
密縫洽接處　再也
啣合不妥貼

歇斯底里的
撕裂了心
默默中的吶喊
頻頻叩問
怎生地？　為何？
無奈　仰視蒼蒼浮雲白

淚河內湧
時間分秒的集儲
瀚海無邊

恨海無岸
泅運了數十春秋
媽媽　我要游到
那裡
才抓得到
你那枯僵了的
魂依

後記：探親小立慈母墓前，久久不能自己。茫茫蒼蒼！悲悲泣泣！

柴可夫斯基悲愴的旋律

醉入
D大調弦樂四重奏
如歌的行板
泣訴之間
擊碎了哀傷與幽怨
起伏的旋律
甜美　哀婉　纏綿　淒切
嚶嚶的傳來
可是托爾斯泰的啜泣

幻象擦撞入嫋嫋的幽麗
天鵝之垂死　震顫翅羽
真摯　純情的殉節
藍藍的湖面
浮泛比翼雙棲的殊影

美人百年長眠

跋涉過夢境的寂寥
低弦與高音階協和
一吻醒來
才知道一晃
主旋律被休止
足足一個世紀
終於
幻化成明麗的諧音

營造悲愴的情節
半世紀的人生
從管弦上輕輕的滑落
籠罩著
恐怖　絕望　哀慟的陰影
夢就這樣的破滅

而我

走出你的音域
沉鬱　低暈　泫然　悲涼
心之最
卻揮灑
一片星光
點點燦燦

後記：從小就喜歡柴可夫斯基的音樂，一些主旋律還能朗朗上口。他的天鵝湖、睡美人等舞劇音樂，膾炙人口，百聽不厭。最近溫故，音韻彌新，故得詩。

大理放歌

大理是大理石磊成的結晶
大理是所有大理石的故鄉
大理石昭展溫潤細膩的風采
大理欣為南詔文化的古韻流長

巍巍蒼山
虯髯縱橫　鬢髮蒼鬱
雄踞為葉榆的屏障　威鎮紫城的關山
十八溪　十九峰　望夫雲　點蒼古塔
景點層層疊疊　彎彎曲曲坎坎
長峰堆雪　盛夏不殘
銀毫擎天　筆花出竅
邀來
晨曦　晚霞　藍天　白雲　星星
靈鷲　群鶯　雁陣
揮翰東方古典的藝文天空

泱泱洱海
波鏡窺容　堂堂印月
蒼山銀輝閃閃粼粼
交映合璧的意象奇觀
聽！白族漁姑　洋溢青春的華采
載一船星輝　獨自成韻
在閃爍的斑爛裡盪漾輕歌
詩人們　傍依川流九曲
頌聲引吭
染一灘新綠　瀅瀅蕩蕩
以音符為餌
上鉤啦！
哇！一尾一尾細細鱗鱗的小詩
聲聲傳來澤國水鄉的應和
二〇〇五年五月中旬
遠離囂煩風塵　國際華文詩人

來到大理擊缽　吟誦　放歌　狂笑
挽著心靈的行囊
採摘妳的美麗　笑靨　古風　線線天藍
以及如畫如夢的境幻
而大理石的文采　璘燦多姿
當我撫觸妳瑰瑋的石性
醉也　痴也　顛也　水浪浪也
為你　為你繪一幅風景　祕藏心中
天天　天天飼養我半飢餓的白日夢

註：大理石城簡稱葉榆　又叫紫城
後記：二〇〇五年五月中旬國際華文詩人，在大理吟誦、放歌、聯誼、我朗誦此詩。

夜郎種夢

黔山蒼蒼　烏江泱泱
那是
我們種夢的夜郎
滋長向天涯　向八荒
在慘澹歲月中經營　經歷風霜雨露
夢　冒出花果　浪漫在阿里山　泛漾於日月潭
如今
我們纍纍垂垂的果子
以詩書畫的光彩亮麗　真切的情愫
展獻給　衣胞之地——
我們的故鄉

曩昔　古田　純樸　曠怡的家鄉
以雲錦繡夢　彩虹織愛
滿懷狂飆的遠想　唱出明天會更好
而今
我們的故鄉　雄踞雲貴高原上

展現了新猷——
高樓廣廈櫛比鱗次　直指雲天
交通梭織往來　躍進四方
人文薈萃　吟哦四季　風雅君子　山高水長
更有那　茂蘭喀斯特的原始森林　望重於世
梵淨山風骨嶙峋　威鎮華夏之邦
原生百里杜鵑　幽雅的芳香　是母親的乳香
風送遊子　傳輸母愛的廣大泱漭

遠方的遊子風塵僕僕歸來
探視夜夢黔靈思悠悠的故鄉
祝福您　願您
頭頂萬里穹蒼　腳踩千尋大地
以旋轉乾坤的威勢　壯懷風雷的剛強
以磅礡凌厲之魄力
扛起一個太陽　一腳踢昇起一個月亮
遊子們　以詩書畫的脈搏與您一齊跳動

以心的呼吸相連
以生命的彩筆
彩繪您致力創造燦爛
歷史的輝煌
故鄉　你是我們的最親
最真　夢中的歌唱

後記：二〇〇六、九十四日、台灣的書畫家到貴陽展出，爲了提升開幕時的氣氛和層次，邀請余於剪彩時獻詩，故得斯作。朗誦時，果然收到震撼的效果，獲致熱烈的佳譽

彩翅飛揚・兩岸三地故鄉

遠眺我們的故鄉
意義深厚　情韻綿長　詩戀風發
因為那是我們生長的地方
天是故鄉的藍　地是故鄉的沃　月是故鄉的圓
雲是故鄉的白　山是故鄉的壯　水是故鄉的甜
花是故鄉的豔　草是故鄉的秀　樹是故鄉的綠
人是故鄉的親　情是故鄉的真　愛是故鄉的濃
歌是故鄉的亮　酒是故鄉的醇　夢是故鄉的美
故鄉故鄉故鄉　我生長的地方　日夜都在嚮往

嚮往黔靈山甲秀樓的典雅
花溪天河潭深綠的花浪
梵淨山的金頂　磨菇石　金絲猴獨絕的丰采
馬嶺河谷　萬峰林　萬峰湖雄奇險峻的風光
更有那　織金洞多彩藝術無盡的寶藏
享譽國際的茅台佳釀
看！龍宮水域鐘乳石陸離萬象

聽！黃果樹瀑布飛騰起的大合唱
　在海外
維多利亞港匆忙運作
　吞吐生涯的重量起航
高雄港奔波傳輸
　轉運生計的頓位乘風破浪
東方之珠　巨業宏圖
　掀騰起四小龍的　風雲　彩夢
台灣寶島　智慧昇華
　締造了四小龍的　神話　奇想
今天兩岸三地鄉親　聚集香港飲讌　放歌　歡
暢
　　慶賀
香港貴州聯誼會二十週年的生日
你看我美如
　阿里山萬朵梅花傲雪開

我看你俊似
　太平山洋紫荊風華絕代
哦！這也是故鄉　也是我們的故鄉　兩岸三地故鄉
來！我們手牽手　一起擁抱　多甜多香
壯志飛躍入雲霄　敞敞亮亮　彩翅飛揚
敞敞亮亮　彩翅飛揚

後記：二〇〇七年香港貴州同鄉聯誼會成立二十週年，兩岸三地鄉親，團聚賀忱，余朗誦此詩祝賀，獲致頌聲讚譽不絕如縷，被天津市評爲16屆文化杯一等獎

月亮·故鄉

月亮在窗前徘徊
帶著故鄉的影子一起來
故鄉在窗前徘徊
騎著竹馬的青梅一起來
月亮　故鄉　青梅
在窗前徘徊　徘徊

裸浴在晶瑩如水的月華裡
寸寸肌膚
聞及故鄉小溪奔馳的潺潺
我的鄉愁蜿蜒著眉睫而流
所有的路都死絕了
片片銀輝的信息
如何傳遞給遠方的妳
想必你也唱不出當年的
竹馬調
因而乘著疑霜的月華而來

是否來採摘孤淒的月色
是否來採摘冷冽的嘆息
來探尋我鄉思的無奈
看我已白髮三千丈

纏繞月亮
纏繞故鄉
纏繞青梅
怎樣也纏繞不住
夢寐中對老家門前那座山的
縈轉

端起一杯寂寞
柔婉月光醞釀的淚水
杯中溢滿你的影子
一飲而傾　飲盡　飲盡
鄉思的點點醉

月亮在窗前徘徊
帶著故鄉的影子一起來
故鄉在窗前徘徊
騎著竹馬的青梅一起來
月亮　故鄉　青梅
在窗前徘徊　徘徊　徘徊

後記：二〇〇四年九月二十日重慶西南大學主辦「首屆華文詩學名家論壇」，並有「月亮的聲音」詩樂歌舞晚會，盛況熱烈，邀余參加朗誦而得此詩。朗誦時唱黃友棣教授的《月光曲》爲前奏，收到很好的回響，久久不已。「二〇〇九年海峽兩岸，〝中秋月圓〞，詩歌朗誦會暨作品研討會」由重慶師範大學主辦，朗誦會中，此詩重顯新姿。吟誦表現有更佳效果，掌彩不息，令人難忘。

李中和教授九十晉一華誕頌詩

前奏——

名音樂家李中和教授於二〇〇九年十二月三日與世長辭，享嵩壽九十三歲，生前就決定將一生創作文獻，捐贈國家圖書館典藏，十一日由顧敏館長接受，並有一場音樂會。由「雅頌」「梵音」合唱團演出，中和教授女公子海燕、海雲和施應民先生等獨唱。夫人蕭滬音女士已九十高齡指揮全場合唱，主要歌曲有《蔣公紀念歌》、《白雲故鄉》、《星月交輝》、《因爲我愛上你》、《紅紗扇》、《鵲橋仙》等十餘首。李夫人揮手，響徹雲霄，指揮若定，盈耳洋洋。

我十二歲就唱《白雲故鄉》，唱李教授歌不知其數，去年又學會《星月交輝》，李教授對我歌唱很欣賞，贈我屏鎮一幅，其詞曰「金嗓發天威震聾啓聵；筑鳴在人寰養性怡情」。

我爲他作《李中和教授九十晉一華誕頌詩》，表示敬仰，想不到如今竟成絕響。

李公國老　以介眉壽　天賜遐齡　極婺聯輝　乃
中天下之大本　王道之根基　是國家之瑰寶　祥瑞之徵　以
和氣致和平　四海晏然　八方寧靜　彰顯民主之盛世　而
君臨藍綠口水之噴灑　匿居市隱　潛修出塵　已
福至心靈　天光霞蔚　星月交輝　燦放庚星之換彩矣　又
如今　攀上九一生命之榮耀，北斗極光隨音符閃顯　現
東海泱泱　花浪滔滔　韜光入恣意的高風亮節　今
海風翻起白浪　浪花濺溼衣裳，寂寞的沙灘　只有我在凝望　凝望
壽果纍垂　壓低了心隅情餘的枝枒　通過和聲的協律　竟
比美當年蟠桃盛宴之場景　諸仙雲集　看
南極仙翁率歌揮棒　旋律悠揚　節奏鏗鏘　聽
山籟風嘯　響徹雲霄　是引商刻羽的抑揚　天上人間齊發聲　頌祝

中和星翁大合唱

南山獻瑞　八葉衍祥
樂只君子　樂壇泰斗
樂只君子　九江之光
樂只君子　萬壽無疆
萬壽無疆　萬壽無疆

後記：李中和教授九江人，是現代傑出的音樂家，曾作各類歌曲一千餘首，及鋼琴等器樂二百餘首，著名的歌曲有《白雲故鄉》、《星月交輝》、《總統蔣公紀念歌》及《光明的國土》等……如今已九十一高齡，故以詩賀，教授對我歌唱很鼓勵，撰寫屏鎮一幅相贈　其詞曰：

金筑大詩人惠存
金嗓發天威震聾啓聵
筑鳴在人寰養性怡情
李中和撰頌　時年九十一

晉謁詩聖

·杜甫草堂·

客至 **杜甫**

舍南舍北皆春水　但見群鷗日日來
花徑不曾緣客掃　蓬門今始爲君開
盤飧市遠無兼味　樽酒家貧只舊醅
肯與鄰翁相對飲　隔籬呼取盡餘杯

那是一個榮耀
湧動河海水勢的時刻
隨著人潮
推掀柴門
雜遝不絕的步音全盲
萬眾人影淡失

繁囂隱去
紅塵隱去
名利隱去
疲困隱去

獨
心靈脈動全然徹醒
擦亮虛掩的眼眉
瞥見
浣花溪倒流　時間逆向
乾坤西升

拾取一枯枝
竟然陽春嫩條　倒回了青春
逝去的光陰　找回翠綠的年華
蟬鳴　犬吠　雞喧　是不變的平仄
今日
雖異代不同
將差距濃縮至方寸
我們相遇應該是在參商之外

頓然時光

卷帶從頭
但見
門扉邊
依稀柳條　垂垂搖曳
工部堂前
孤松高立　伸展永恆的祭姿
一髯翁——子美先生
杖藜徐步迎迓
景象柔軟　冥冥漠漠

仰之彌高　望之彌深
知識的機遇　記憶中
蠕動　躍踴　復甦　睽睽眼眸
瞻視之
巍巍如泰岱　華嶽　浩瀚江河

羸弱少陵杜老

曾以詩為引子
整日調理診療　熬煮出
「百年多病獨登台」的詩句
怪之　微顫的唇邊
吟哦時
歧黃的膏散味飄香四溢

忘不了
貧窮熬煉的日子
生計困乏至極　三餐虛懸
仍用那柄掘樹根　挖草皮裹腹的鏟子
揮毫格律和絕句　鏗鏘有致

肯定人性的尊嚴
堅持靈魂的寂寥
清風明月的認真　於是
意象一波一波的浮昇

久病新癒的杜老
「花徑不曾緣客掃」
群鷗翩翩起飛
隨著你吟誦高亢
殊顯新姿魅力
日月雖已遠去
蓬門已開
杜老仍不失信
我惶恐　佩服你的記憶
我　瞠目結舌
念不出你的絕律　誦不出梁父吟
只得　喃喃自語
「但得廣廈千萬間
　大庇天下寒士俱歡顏」
嘩然開朗的笑聲
響徹雲霄　閃閃發亮的醉眸

頻率傳輸了一千三百年
震撼草簷的麻雀　吱吱跳躍
梁上雙燕　剪翅　掠水　穿簾低飛
矯翼沙鷗　逍遙低旋
以羽翅突破現實的綑鎖在天地間翔翥

往矣
草堂只是清貧的象徵
凝凌邃古的冰冷
誰能理會今日的棟梁彫飛

杜老　親切張羅招喚
不因時空異同而殊淡
「盤中市遠無兼味
　樽酒家貧只舊醅」
隔著籬笆　呼喚鄰翁野老來陪飲

可能
時光拴不住永恆
你凝眸注視往後的光陰
喚過來的不是鄰翁野老
而是執著護照來的觀光客人
我也不禁地說
晚輩適才在柴門外
飲過威士忌　佐以麥當勞
霎時
　古景煞然淡入
　現景呈現
水池映著時光的流程
堂屋內外
蟬鳴　繫著時光未斷的頻率
揮別千年前的景致
「車轔轔　馬蕭蕭」

以及邊關告急的狼煙

雙眸釘住草堂梁脊上的幽魂
用詩句
繫住全新的意境
一代　一代
傳承詩聖　句句火鍊　字字珠璣
不朽的金聲玉振

「少陵草堂」豐碑前
一朵白雲　正冉冉而行

後記：幼年讀詩聖杜甫先生詩甚多，且能背誦，仰慕深刻。千禧年九月十四日隨「九州行」諸君子，前往成都浣花溪畔訪草堂。進入堂內，似回溯到一千多年前的情景，冥冥中與詩聖神交如故，頗有太多靈感，故得此詩。此詩以先生的《客至》爲主軸

國家圖書館出版品預行編目資料

擊掌：金筑詩集 / 金筑著. -- 初版. -- 臺北
市：文史哲，民 99.09
面 ：公分. --（文史哲詩叢；92）
ISBN 978-957-549-910-5(平裝)

851.486　　　　99011831

文史哲詩叢 92

擊　掌 金筑詩集

著　者：金　筑
出版者：文史哲出版社
http://www.lapen.com.tw
登記證字號：行政院新聞局版臺業字五三三七號
發行人：彭　正　雄
發行所：文史哲出版社
印刷者：文史哲出版社
臺北市羅斯福路一段七十二巷四號
郵政劃撥帳號：一六一八〇一七五
電話886-2-23511028・傳真886-2-23965656

實價新臺幣二四〇元

中華民國九十九年（2010）九月初版

ISBN 978-957-549-910-5　　08892